I0006341

SEO PARA NOVATOS

by Jaime Ruiz

Copyright © 2023 Jaime Ruiz

Todos los derechos reservados.

INTRODUCCIÓN

Bienvenido a "SEO para novatos"

Vamos al grano. Si estás aquí es porque quieres que tu web salga en Google y no enterrada en la página 10, donde nadie mira (ni tú mismo). Este libro no es para perderte en tecnicismos ni para darte la chapa con historias aburridas.

Te voy a enseñar, paso a paso, cómo posicionar tu web sin morir en el intento. Sin trucos mágicos, pero con estrategias que funcionan. Si no tienes ni idea de SEO, tranquilo, que esto está hecho para ti. Para que entiendas de una vez por todas cómo hacer que tu web deje de ser invisible.

Porque, seamos claros, si no apareces en Google, **no existes**. ¿Empezamos?

Soy Jaime Ruiz. Llevo más de 15 años metido hasta las cejas en el marketing digital. Ayudando a negocios que no tienen la pasta (ni las ganas) de contratar a las agencias de siempre, esas que te cobran un riñón y entregan humo bien envuelto.

¿El resultado? Clientes que ahora están donde querían: **arriba en Google, vendiendo más, y dejando de perder el tiempo con promesas vacías**.

Y ojo, porque lo que vas a leer aquí no es una broma. La información que viene a continuación puede volarte la cabeza. Y no, no es exageración. Es pura verdad.

Prepárate porque esto no es para flojos.

1. **Introducción al SEO:**
- ¿Qué es el SEO y por qué es importante?
- La importancia del posicionamiento en los motores de búsqueda.
- Diferencia entre SEO orgánico y SEO de pago.

2. **Fundamentos del SEO:**
- Palabras clave: investigación y selección.
- Optimización de contenido para SEO.

3. **SEO On-Page:**
- Optimización de títulos y meta descripciones.
- Uso de encabezados y formatos de texto.
- Optimización de URL y estructura de enlaces internos.

4. **SEO Off-Page:**
- Estrategias de construcción de enlaces (backlinks).
- Importancia de las menciones sociales y señales de autoridad.
- Participación en comunidades y foros relacionados.

5. **Optimización técnica:**

- Velocidad de carga del sitio web y experiencia del usuario.
- Optimización móvil y responsive design.
- Uso de herramientas de análisis y optimización técnica.

6. **SEO local:**
- Importancia del SEO local para negocios físicos.
- Optimización de Google My Business.
- Estrategias para aparecer en resultados locales.

7. **Seguimiento y análisis:**
- Herramientas de seguimiento de posiciones y tráfico.
- Interpretación de métricas y análisis de datos.
- Optimización continua y ajuste de estrategias.

8. **SEO y contenido:**
- Creación de contenido relevante y de calidad.
- Uso de palabras clave en el contenido.
- Estrategias de optimización de contenido para diferentes formatos (texto, imágenes, videos, etc.).

9. **SEO y redes sociales:**
- Cómo las redes sociales pueden influir en el SEO.
- Estrategias de promoción de contenido en redes sociales.
- Uso de etiquetas sociales y metadatos en las publicaciones.

10. **SEO y tendencias futuras:**
- Voice Search: optimización para búsquedas por voz.
- Búsqueda semántica y enriquecimiento de contenido.
- Inteligencia artificial y aprendizaje automático en SEO.

Si llegas hasta el final obtendrás un regalazo que te hará llegar hasta la cima

1. Introducción al SEO:

¿Qué es el SEO y por qué importa?

Vamos a dejar algo claro desde el principio: si no estás en los primeros puestos de Google, **no existes**. Fin de la discusión. El SEO (Search Engine Optimization) no es magia negra ni un truco barato. Es el arte de aparecer donde importa: delante de tus clientes, antes que tu competencia, y en el momento en que más te necesitan.

El SEO es lo que separa a los que venden de los que se quedan mirando cómo otros lo hacen. Y no necesitas ser un genio para entenderlo. Aquí te voy a explicar cómo funciona, por qué es importante y, sobre todo, cómo usarlo para dejar de ser invisible.

La importancia de aparecer (y no hundirte en Google)

¿Te has preguntado qué hace la gente cuando necesita algo? Busca en Google. Punto. Nadie pasa de la primera página. Muchos dicen que el mejor lugar para esconder un cadáver es en la segunda página de los resultados de Google. Si tu web está escondida, olvídate de clientes, ventas o relevancia.

El SEO es tu herramienta para salir a la superficie, para que te encuentren y confíen en ti antes que en nadie más. ¿Quieres seguir siendo invisible? Entonces este libro no es para ti.

SEO orgánico vs. SEO de pago: ¿qué te conviene?

SEO orgánico: paciencia, trabajo constante y resultados duraderos.
SEO de pago: dinero rápido, pero con fecha de caducidad.

Aquí vamos a centrarnos en el SEO orgánico. Porque no importa si tienes presupuesto o no, lo que importa es construir algo sólido que dure.

¿Qué aprenderás en este libro?

No te voy a aburrir con teoría inútil. Aquí va lo que realmente importa:

- **Palabras clave:** cómo encontrar las que realmente importan y usarlas para dominar los resultados de búsqueda.
- **Optimización de contenido:** no solo se trata de meter palabras clave. Se trata de crear contenido que atrape, enganche y convenza.
- **Optimización técnica:** porque una web lenta o fea no vende.
- **SEO local:** si tienes un negocio físico, aparecer en búsquedas locales es cuestión de vida o muerte.
- **Análisis y seguimiento:** lo que no se mide, no se mejora.

Y sí, también vamos a hablar de cómo adaptarte a lo que viene: búsqueda por voz, inteligencia artificial, y todas esas cosas que están cambiando las reglas del juego.

Esto no es un libro para leer y olvidar. Es un manual para aplicar. Para que entiendas el SEO y lo uses como tu mejor aliado.

Así que ponte cómodo, porque lo que viene puede transformar tu negocio. Pero te aviso: solo funciona si lo pones en práctica. ¿Aceptas el reto?

2. Fundamentos del SEO: Descubre el poder de las palabras clave y la optimización de contenido

Te guste o no, el SEO manda. Si no apareces donde tienes que estar, no existes. Y para llegar ahí arriba, necesitas dominar dos cosas: las palabras clave y la optimización de contenido. Sí, eso que muchos dicen que saben hacer, pero luego se nota que no tienen ni idea. Hoy vas a aprender a hacerlo bien. Sin humo. Sin rodeos.

- **Las palabras clave: Donde todo empieza**

Las palabras clave son las puertas que abren el tráfico hacia tu web. Son lo que la gente escribe cuando busca algo en Google. ¿Y tú qué haces? Usarlas para aparecer ahí como si fueras la solución mágica a sus problemas. Pero no basta con meterlas a lo loco, como hacen los aficionados. Hay que saber elegirlas. ¿Cómo? Así:

1. Piensa en grande (pero empieza por lo básico):

Haz una lista. ¿De qué trata tu negocio? ¿Qué busca la gente sobre eso? Si tienes un blog de cocina, no empieces soñando con *"mejor chef del mundo"*. Mejor prueba con algo como *"recetas saludables"* o *"cómo hacer brownies sin harina"*. Sé concreto.

2. Saca las herramientas grandes:

No te pongas a adivinar. Usa lo que funciona: Google Keyword Planner, Ahrefs, SEMrush. Métete ahí y busca. Mira los números: volumen de búsqueda, competencia. Si ves que el término parece un campo de batalla, mejor prueba otro. No eres Google, no puedes con todo.

3. Espía (que aquí está permitido):

¿Tu competencia? Esa gente que ya está donde tú quieres estar. Mira qué palabras usan. Si ellos lo están petando con *"recetas fáciles para cenas"*, puede que ahí haya algo para ti también. Pero no copies sin más. Usa su info para destacar.

4. Piensa como un humano, no como un robot:

¿Qué busca realmente tu público? Si alguien pone *"cómo cambiar un enchufe"*, probablemente no busca leer un ensayo de 3.000 palabras sobre electricidad. Dale lo que necesita: respuestas claras y prácticas.

5. Elige con cabeza:

Cuando tengas tu lista de palabras clave, selecciona. Ni todas valen, ni las más populares son siempre la mejor opción. Si vas a por algo muy competido, te van a machacar. Busca un equilibrio.

- ## Optimización de contenido para SEO

Muy bien, ya tienes tus palabras clave. Ahora, ¿qué hacemos con ellas? Fácil. Vamos a sacarle todo el jugo. Porque de nada sirve tenerlas si luego las dejas ahí, olvidadas como un gimnasio en febrero.

Aquí va la receta (y sin azúcar):

1. Títulos y meta descripciones: Tu gancho en Google

Esto es lo primero que la gente ve cuando busca. Si no captas su atención aquí, olvídate del clic. Usa las palabras clave en los títulos y las descripciones, pero no como un robot. Que sean claras, atractivas y, sobre todo, que hagan que la persona diga: "Esto es justo lo que necesito". Porque si no haces eso, estás regalando visitas a tu competencia.

2. Encabezados y formatos: Ordena el caos

H1, H2, H3... No es un juego de bingo, es cómo le dices a Google (y a tus lectores) que tu contenido tiene sentido. Usa encabezados para estructurar el texto. Los usuarios leen por encima, y si todo es un bloque sin fin, se van corriendo. Hazlo fácil para ellos. Y para Google también.

3. URLs y enlaces internos: Que todo fluya

¿Tienes URLs llenas de números y letras raras? Cámbialas ya. Usa palabras clave y hazlas descriptivas. Además, enlaza tus propias páginas. Es como una red de autopistas: más fácil llegar a cualquier parte y sin perderse. Google lo agradece. Y tus visitantes también.

4. Palabras clave: Ni te pases ni te quedes corto

Sí, tus palabras clave son importantes, pero si las metes con calzador, canta a la legua. Hazlo natural. Si parece que escribiste para humanos y no para un algoritmo, vas bien. Aquí no se trata de cantidad, sino de calidad.

5. Imágenes: No solo entran por los ojos

Las imágenes cuentan. Mucho. Pero no vale cualquiera. Ponles nombres decentes a los archivos (nada de "IMG_8765.jpg"), usa descripciones claras en el atributo ALT y comprímelas para que carguen rápido. Nadie quiere esperar una eternidad para ver tu página.

6. Contenido de calidad: No llenes por llenar

Esto es lo que marca la diferencia. Si tu contenido no aporta nada, da igual cuántas palabras clave uses. Responde preguntas, resuelve problemas y hazlo mejor que nadie. Y no, no se trata de escribir para lucirte, sino para servir. Porque si no ayudas, no vendes.

7. Actualización: No lo dejes morir

Esto no es una foto de Instagram que subes y ya. El contenido hay que revisarlo, mejorarlo y mantenerlo al día. Google quiere cosas frescas, no sobras recalentadas. Y tus usuarios también.

Y recuerda:

El SEO no es magia ni ciencia espacial. Es trabajo. De ese que hay que hacer continuamente. Analiza resultados, ajusta lo que haga falta y sigue mejorando. Esto es una maratón, no un sprint.

¿Te sientes más cerca del dominio del SEO? Si no, relee esto otra vez. Y si ya estás listo, vamos al siguiente nivel: SEO On-Page. Porque aquí no paramos hasta que estés en lo más alto.

¡Al lío!

3. SEO On-Page: Optimiza tu sitio web desde adentro

Aquí no hay atajos ni fórmulas mágicas. El SEO On-Page es como poner los cimientos de una casa: si no lo haces bien desde dentro, todo lo demás se tambalea. Así que vamos al grano. ¿Tu sitio web? Tiene que ser una máquina bien engrasada que los motores de búsqueda adoren y los usuarios amen.

Estructura y arquitectura del sitio: No más caos, todo bajo control

Si tu sitio es un desorden, tanto Google como tus visitantes van a huir. La clave está en la estructura. Vamos a optimizarlo:

1. Jerarquía de páginas: Pónselo fácil a Google (y a todos)

Organiza tu contenido como un mapa bien pensado. Categorías principales arriba, subcategorías debajo. Nada de dejar páginas sueltas como si fueran calcetines perdidos. Esto no solo ayuda a los motores de búsqueda a entender tu sitio, sino que también guía a tus usuarios por el camino correcto.

2. Enlaces internos: Dale poder a tu contenido

Los enlaces internos son como un GPS para tu web. Conéctalo todo de forma lógica: una página lleva a otra, y así sucesivamente. ¿Resultado? Los usuarios navegan sin perderse, y Google rastrea todo lo que tienes que ofrecer.

3. Sitemap: Tu hoja de ruta para los buscadores

¿Tienes un sitemap? Si no, crea uno ahora mismo. Un sitemap XML es como un listado VIP para que Google vea todo lo que tienes. Envíaselo y asegúrate de que indexe cada página importante.

4. URL amigables: Sin líos, sin códigos raros

Nadie quiere lidiar con URLs que parecen un sudoku. Usa URLs claras, descriptivas y que incluyan tus palabras clave. Esto no solo ayuda al SEO, sino que también hace que tus visitantes confíen más en ti. Una URL tipo: **"misitio.com/servicios-seo"** siempre va a ganar frente a **"misitio.com/4329jd8#"**.

- **Optimización de etiquetas y metadatos**

Las etiquetas y los metadatos son elementos importantes que afectan la visibilidad de tu sitio web.

Aquí hay algunas etiquetas clave que debes optimizar:

a. Título de la página (etiqueta title): El título de la página es uno de los elementos más importantes para el SEO On-Page. Asegúrate de que cada página tenga un título único, relevante y que contenga palabras clave. Limita el título a 60-70 caracteres para que se muestre correctamente en los resultados de búsqueda.

b. Meta descripción: La meta descripción es un breve resumen que aparece debajo del título en los resultados de búsqueda. Asegúrate de que cada página tenga una meta descripción única y atractiva que invite a los usuarios a hacer clic. Limita la meta descripción a 150-160 caracteres.

c. Etiquetas de encabezado (H1, H2, H3, etc.): Utiliza las etiquetas de encabezado para estructurar tu contenido y resaltar la jerarquía de la información. El encabezado principal (H1) debe contener palabras clave relevantes y reflejar el tema principal de la página. Utiliza las etiquetas de encabezado secundarias (H2, H3, etc.) para dividir y organizar el contenido de manera coherente.

d. Etiquetas de imagen (atributo ALT): Las etiquetas ALT describen el contenido de las imágenes. Utiliza descripciones descriptivas y relevantes que incluyan palabras clave relacionadas. Esto ayuda a los motores de búsqueda a comprender el contenido de las imágenes y mejora la accesibilidad para personas con discapacidades visuales.

Recuerda:

Un sitio web bien estructurado es como un buen restaurante: fácil de entender, bien organizado y sin sorpresas. No subestimes el poder de estos ajustes. Una buena base de SEO On-Page te ahorrará dolores de cabeza y pondrá tu web en el radar de Google (y en las manos de tus clientes).

¿Listo para seguir? Esto es solo el comienzo.

- **Optimización del contenido**

Si crees que basta con escribir cualquier cosa y esperar que mágicamente te lleve al top, vas a quedarte esperando. El contenido de calidad no es una opción, es una obligación. Y si no lo optimizas, lo pierdes. Así de simple.

Aquí tienes lo que necesitas hacer para evitar ser otro más en la multitud.

1. Palabras clave: No las ahogues, haz que respiren

Las palabras clave son como las especias en la comida: en su justa medida son perfectas, pero si te excedes, arruinas el plato.

- **Ubica tus palabras clave estratégicamente**: Títulos, primeros párrafos, y en el contenido donde encaje. Pero no te vuelvas loco.
- **No abuses**: Google te va a penalizar si haces trampa y repites una y otra vez como un loro. Sé natural, coherente y directo.

2. Longitud del contenido: No te quedes corto, pero tampoco te pases de rosca

El tamaño sí importa, pero no en todos los casos.

- **300 palabras no son suficientes**: Si de verdad quieres que tu contenido haga algo por ti, dale profundidad, pero no te pongas a escribir solo por escribir.
- **Hazlo valioso**: Los detalles marcan la diferencia, pero un texto largo solo por ser largo no va a impresionar a nadie.

3. Optimización de imágenes: Si no las tratas bien, te van a frenar

Las imágenes pueden hacer o romper la velocidad de tu web. Si no las optimizas, adiós SEO.

- **No dejes que te pesen**: Redimensiona, comprime y haz que carguen rápido. Nadie tiene tiempo para esperar por una foto de 5 MB.
- **Usa ALT correctamente**: Describe lo que está en la imagen con palabras clave, y si no lo haces, ¿para qué las subes?

4. Enlaces internos y externos: Tejido de enlaces o te quedas solo

Si no conectas tus páginas, te vas a perder. Y si no conectas con páginas de calidad, olvídalo.

- **Enlaza dentro de tu web**: Si tienes contenido útil, conecta las piezas entre sí. Que todo fluya.
- **No te olvides de los externos**: Páginas relevantes y serias siempre serán tu mejor amigo. Pero ojo, que no te confundan con enlaces basura.

5. Actualización constante: Si no renuevas, te marchitas

El contenido envejece rápido, y si lo dejas ahí oxidándose, Google te va a dejar de lado.

- **Actualiza lo que sea necesario**: Añade datos frescos, quita lo que ya no sirve, y siempre mantén tu contenido relevante.
- **No dejes para mañana lo que puedes actualizar hoy**: Un contenido fresco y al día es tu boleto a la cima.

Si quieres que Google te mire, haz que tu contenido sea útil, natural y bien optimizado. ¿Lo demás? No importa.

- **Optimización técnica: Si no cuidas lo invisible, no esperes resultados visibles.**

El contenido es clave, claro, pero si no le das a tu web las herramientas adecuadas para moverse rápido y sin tropiezos, tu trabajo de nada sirve. Te explico por qué la optimización técnica es imprescindible:

1. Velocidad de carga: No pongas freno a tu éxito

¿Te gustaría esperar 10 segundos para que cargue una página? Nadie lo haría. Y Google tampoco.

- **Haz que tu sitio cargue rápido**: Comprime imágenes, limpia el código y usa un servidor fiable. Si tu web es lenta, perderás tanto usuarios como posiciones en los rankings. Y eso, créeme, no te interesa.

2. Adaptabilidad móvil: El móvil manda y tú mejor que lo entiendas

Hoy, todo el mundo navega desde su móvil. Si tu web no se adapta, mejor ni lo intentes.

- **Hazla responsive**: Que tu página se vea bien en cualquier pantalla. De lo contrario, estarás dando una mala experiencia y eso, amigo, es sinónimo de bajas posiciones.

3. Estructura del URL: Menos es más

URLs largas, llenas de números y símbolos? A nadie le importa, ni a tus usuarios ni a Google.

- **Hazlo limpio y sencillo**: Que cada URL refleje de forma clara lo que ofreces. Si no sabes por dónde empezar, imagina que se lo vas a contar a tu abuela. Claro, directo y sin adornos.

4. Seguridad del sitio: Porque si no eres seguro, mejor ni lo intentes

Si aún no tienes un certificado SSL, te estás jugando la mitad de la partida.

- **Activa HTTPS**: Google valora la seguridad, y tus usuarios también. Si vas a manejar datos sensibles o hacer ventas online, asegúrate de tenerlo todo blindado.

5. Optimización de etiquetas meta: No ignores lo que Google necesita saber

Las etiquetas son como el vestuario de tu página. Si no la vistes bien, nadie va a querer mirarla.

- **Meta descripción**: Básica, sí, pero importantísima. Haz que la gente quiera hacer clic.

- **Meta robots**: No pongas a Google a hacer de detective. Dile qué puede y qué no puede indexar en tu sitio.
- **Meta autoridad de dominio**: Sí, algunos motores de búsqueda toman en cuenta la autoridad de tu web. Hazle saber a Google que eres un experto en tu tema.

Si no cuidas estos aspectos técnicos, no importa lo brillante que sea tu contenido. Tu web tiene que ser rápida, segura y fácilmente accesible. Si te olvidas de esto, olvídate de aparecer en la cima.

- **Monitoreo y análisis: Si no mides, no sabes qué estás haciendo bien.**

Ya tienes todo optimizado, has metido la pata en un par de sitios y has acertado en otros, pero ahora toca lo más importante: MONITOREAR. Porque si no sabes lo que está funcionando, mejor apaga y vámonos. Te cuento cómo hacerlo:

1. Herramientas de análisis: Que no te cuenten cuentos

- **Google Analytics**: Este es el santo grial, amigo. Si no lo usas, ni te atrevas a llamarte SEO. Aquí tienes toda la data que te puede decir qué está funcionando y qué no. ¿Qué palabras clave te traen visitas? ¿Cómo se comportan tus usuarios? ¿Qué páginas convierten y cuáles están dando pena? No es solo un número, es información cruda para decidir qué hacer con tu web. Si no estás monitorizando esto, estás volando a ciegas.

2. Posicionamiento en los motores de búsqueda: No basta con estar vivo

- **SEMrush o Moz**: ¿A cuántos has adelantado en la carrera? Pues ahora toca saberlo. Estas herramientas te permiten ver en qué posición estás para tus palabras clave. Y si las cosas van bien, puedes darte un par de palmaditas en la espalda, pero si no... es hora de ponerte las pilas y mejorar esas clasificaciones.

3. Análisis de competencia: Si no sabes qué hace tu competencia, no te quejes de no ganar

- **Espía a tus rivales**: ¿Qué están haciendo ellos que tú no? ¿Qué tienen que te falta? No te quedes mirando desde tu esquina, ¡sal ahí fuera y analiza! Tienes que saber lo que está pasando en tu nicho. Si no eres el primero, ¿por qué? Aquí no vale el "es que yo ya lo hago bien". Analiza, aprende, adapta.

4. Optimización continua: El SEO es una maratón, no una carrera de 100 metros

- **Cambia lo que no sirve, mantén lo que da resultados**: Lo que hoy funciona, mañana puede no hacerlo. El SEO es evolutivo, si no estás constantemente ajustando y aprendiendo, ya puedes empezar a temblar. Los motores de búsqueda no se quedan quietos, tú tampoco deberías. Mantente al tanto de las actualizaciones y adapta lo que necesites.

El SEO no es algo que puedas hacer una vez y olvidarte. Es una carrera de resistencia, un proceso continuo. **Monitorea, ajusta y sigue adelante**. El trabajo duro se recompensa, pero si no sabes lo que estás haciendo, estarás dando palos de ciego.

4. El SEO Off-Page: Potencia la autoridad de tu sitio web

Vamos a ponernos serios. Si el SEO On-Page es el alma de tu web, el SEO Off-Page es la gasolina que la pone en marcha. Es todo lo que sucede fuera de tu sitio, pero que tiene un impacto directo en su autoridad y relevancia.

¿Que no sabes qué hacer para dar ese empujón extra a tu sitio? Pues bien, es hora de que te pongas las pilas. Vamos a crear conexiones con sitios que te catapulten y dejar claro que tu página no es un sitio cualquiera. Esto no es solo meter enlaces a lo loco, esto es establecer tu dominio, mostrar tu poder.

Es momento de salir ahí fuera y hacer ruido. ¡Vamos a hablar de SEO Off-Page y ver cómo tu web pasa de ser un don nadie a un referente!

- **Construcción de enlaces: No es magia, es estrategia pura**

El juego de los enlaces es el santo grial del SEO Off-Page. Si no tienes enlaces de calidad apuntando a tu sitio, estás perdiendo la mitad de la batalla.

Así que, ¿cómo demonios haces para que tu sitio sea el elegido y que los demás quieran enlazarlo? Aquí te dejo algunas jugadas que no puedes dejar de hacer:

a. **Contenido que valga la pena**: Si no tienes algo valioso que ofrecer, ¿por qué alguien va a enlazarte? Crea contenido que la gente quiera compartir, algo tan útil que digan: "Esto merece un enlace". No es ciencia de cohetes, es tener algo realmente bueno.

b. **Publicaciones de invitado**: Sal de tu zona de confort y escribe en blogs y sitios relevantes de tu sector. Mostrar tu experiencia, aportar valor y, sí, conseguir enlaces. No se trata solo de escribir cualquier cosa, asegúrate de ofrecer contenido de calidad que no sea solo una excusa para meter un enlace.

c. **Haz que se vuelva viral**: No, no estoy hablando de cat videos, pero sí de contenido que sea tan atractivo que todos quieran compartirlo. Si logras que algo se haga viral, los enlaces y la visibilidad llegarán sin pedirlo.

d. **Enlaces en directorios**: No cualquiera. Solo en directorios de calidad. Si tu sitio aparece en un montón de directorios que nadie respeta, no hagas el tonto. Elige bien, con cabeza.

e. **Relaciones públicas y medios**: Tienes que estar ahí, fuera, buscando las menciones que te van a dar autoridad. Habla con bloggers, periodistas, influencers. Si consigues que hablen de ti y te enlacen, eso se traduce en visibilidad y en un gran respaldo para tu web.

Recuerda: la construcción de enlaces no es una carrera de velocidad, es un proceso lento, pero constante. Evita las trampas. Si vas a lo fácil, los motores de búsqueda no tardarán en castigarte. Lo importante es hacerlo bien, sin atajos.

- **Redes sociales: No solo para selfies, también para SEO**

¿Piensas que las redes sociales son solo para publicar fotos de gatos y memes? Piénsalo otra vez. Son una mina de oro para mejorar tu SEO Off-Page. Si las usas bien, te pueden dar autoridad y enlaces como si fuera pan caliente.

Aquí tienes las jugadas que marcarán la diferencia:

a. **Comparte, comparte y comparte**: No te quedes callado. Publica tu contenido en todas tus redes sociales. ¿Por qué? Porque cuanto más lo compartes, más ojos ven tu contenido, y eso aumenta las probabilidades de que otros lo enlacen. Así de sencillo.

b. **Métete en el ajo**: No te limites a ser un espectador. Únete a grupos, participa en conversaciones. Comenta, comparte, da tu opinión sobre lo que está pasando en tu sector. Esto te da visibilidad, genera autoridad y, créeme, alguien va a terminar enlazando tu sitio.

c. **Colabora con los grandes**: Los influenciadores son tus mejores aliados. No se trata de pagar por un par de menciones, se trata de asociarte con ellos para crear contenido relevante. Cuando comparten tu contenido, no solo aumenta tu visibilidad, también consigues esos enlaces de calidad que todos quieren.

d. **Haz que tu contenido brille**: Las redes sociales son el escaparate. Promociona tu contenido de forma estratégica, creando publicaciones que realmente llamen la atención. Atrévete a ser creativo. Si la gente hace clic y comparte, el tráfico y los enlaces llegarán sin que lo pidas.

Usa las redes sociales como lo que son: una herramienta poderosa para hacer crecer tu SEO. Pero recuerda, no se trata solo de estar presente. Se trata de estar presente de manera efectiva.

- **El poder de las comunidades online: no solo redes sociales**

Las redes sociales son solo la punta del iceberg. Si realmente quieres destacar y conseguir enlaces de calidad, hay todo un universo de comunidades online esperando que hagas ruido. ¿Estás listo para sumergirte en ellas? Aquí tienes cómo hacerlo:

a. **Foros y grupos de discusión**: Los foros son como el gimnasio para tu SEO. Encuentra los relevantes para tu industria, salta a la conversación, da consejos útiles y comparte lo que sabes. Y cuando sea el momento adecuado, mete un enlace hacia tu sitio web, siempre que aporte algo de valor. Eso sí, nada de spam. Se trata de ser útil, no de ser invasivo.

b. **Comentarios en blogs**: No te limites a leer blogs; participa. Deja comentarios que realmente aporten algo a la discusión. No caigas en la tentación de dejar un comentario vacío o, peor aún, promocional. Si tu comentario tiene valor y encaja en el contexto, incluye tu enlace. Pero hazlo de forma natural, como si fueras parte de la conversación.

c. **Eventos y conferencias**: No te quedes frente a la pantalla todo el día. Sal, conéctate con otros humanos, asiste a eventos de tu industria. Estos son los sitios donde puedes hacer networking de verdad, conocer a los expertos y crear relaciones que, a la larga, te darán enlaces y colaboraciones. El contacto directo siempre tiene más peso que cualquier comentario en línea.

d. **Colaboraciones y entrevistas**: La colaboración está en el ADN de cualquier negocio que crece. Busca expertos con los que puedas hacer colaboraciones. Participa en entrevistas de podcasts, webinars o co-crea contenido. Esto te da visibilidad, autoridad, y sí, también enlaces que apuntan a tu sitio. Ganar-ganar.

En todo lo que hagas en estas comunidades online, recuerda: no se trata de spamear enlaces por ahí. Se trata de construir relaciones, de ser auténtico y de aportar valor real. Porque los enlaces llegan cuando dejas una huella genuina.

- **Reseñas y menciones: la clave para una reputación imbatible**

¿Crees que las reseñas son solo un detalle más? Error. Son el combustible que puede catapultar tu sitio web a lo más alto o hundirlo en el olvido. ¿Quieres que tu negocio brille? Aquí tienes cómo gestionar esas malditas reseñas y menciones como un profesional.

a. **Directorios de reseñas**: Da de alta tu negocio en los directorios más importantes como Google My Business, Yelp o TripAdvisor, según tu industria. Y no te olvides de lo más importante: ¡Anima a tus clientes a dejar reseñas! Eso sí, no pongas la venda antes de la herida. Si recibes críticas negativas, respóndelas con profesionalismo y propón soluciones. Eso demuestra que no eres de los que desaparecen cuando las cosas se complican.

b. **Monitoreo de menciones**: Tu marca está siendo mencionada, ¡créeme! Usa herramientas como Google Alerts o Mention para rastrear esas menciones en la web. Cuando te mencionen, agradece, y si son negativas, enfréntalas como un hombre o una mujer de negocios. No dejes que esas menciones se pierdan en el aire. Responde y demuestra que eres dueño de tu reputación.

c. **Relaciones con bloggers y periodistas**: ¿No conoces a bloggers o periodistas relevantes en tu industria? Póntelo en la lista de pendientes, porque son el puente entre tú y tu próxima gran oportunidad. Mándales tus productos o servicios, y haz que hablen de ti. Las menciones en sus plataformas te generarán enlaces y harán que te encuentren más rápido en Google.

d. **Testimonios de clientes**: Pide a tus clientes satisfechos que dejen su testimonio. Y cuando los tengas, ¡úsalos! Ponlos en tu web, compártelos en redes sociales y aprovecha esa confianza que generas. Los testimonios auténticos son la mejor carta de presentación, más que cualquier campaña publicitaria.

e. **Influencers y reseñas patrocinadas**: Aquí va una jugada maestra: colabora con influenciadores de tu industria para que te reseñen, pero que sea algo auténtico, no un chicle artificial. Su contenido va a llegar a más gente, crear interés y sí, generará enlaces que te harán subir en los rankings. Pero, repito, ¡no todo vale! La reseña tiene que ser real, no un anuncio disfrazado.

Recuerda que esto no es algo que puedas hacer una vez y olvidarlo. Las reseñas y menciones requieren atención constante. Agradece a tus clientes por las buenas reseñas, responde a las malas como un profesional y, sobre todo, demuestra que tienes los cataplines de gestionar tu reputación. Porque una buena reputación online se traduce en más tráfico, más clientes y, al final, más ventas.

- **Medición y análisis: ¡Asegúrate de que todo esté funcionando!**

Ya has lanzado tus estrategias de SEO Off-Page. Ahora viene lo más importante: medir, analizar y asegurarte de que no estás perdiendo el tiempo. ¿De qué sirve hacer algo si no puedes medir los resultados? Vamos a ver cómo se hace de verdad.

a. **Herramientas de análisis**: ¿Aún no usas Google Analytics, SEMrush o Moz? Estás perdiendo el tiempo, amigo. Estas herramientas te dan el pulso de tu sitio web: tráfico, enlaces entrantes, interacciones en redes sociales... te dan los datos que necesitas para saber si tu estrategia está dando frutos o si estás persiguiendo fantasmas.

b. **Análisis de enlaces**: ¿Sabes cuáles son los enlaces que realmente cuentan y cuáles te están hundiendo en Google? Si no lo sabes, estás en el limbo. Usa Ahrefs o Majestic para hacer un análisis exhaustivo de esos enlaces. Detecta los buenos, elimina los malos y asegura que solo lo mejor de lo mejor apunte a tu sitio.

c. **Seguimiento de menciones de marca**: ¿Sabes qué se dice de ti? Si no estás monitoreando tus menciones, eres como un ciego en medio del tráfico. Herramientas como Google Alerts o Mention te dicen en qué esquina del internet se está hablando de tu marca. Si es positivo, aplaude. Si es negativo, a corregir el rumbo.

d. **Informes de rendimiento**: ¿Quieres mejorar o quedarte estancado? Crea informes periódicos, analiza los datos, haz ajustes. Si no lo haces, no tienes idea de lo que está funcionando y lo que no. Los números no mienten.

No olvides: el SEO Off-Page no es una carrera de velocidad, es un maratón. Esto es un proceso continuo. Si te quedas atrás, Google lo notará. Mantente al día con los cambios en los algoritmos, ajusta tus tácticas, experimenta, adapta y, sobre todo, no dejes de aprender. Porque el que no avanza, retrocede. Y tú, campeón, no puedes permitírtelo.

5. Optimización técnica: No es solo contenido, es cómo lo haces funcionar.

Ya basta de pensar que solo con contenido de calidad y enlaces vas a llegar lejos. Si tu web no está bien optimizada, olvídalo. Los motores de búsqueda no van a entender ni de qué va tu sitio. Así que, ¿listo para hacer que tu web funcione a la perfección?

Velocidad de carga: No puedes ser lento, eso es un hecho.

Un sitio web que carga lento es como una cita que llega tarde. Nadie lo aguanta. Además, Google lo va a penalizar. Tienes que ser rápido, y aquí van los trucos:

- **Optimiza las imágenes**: No pongas imágenes pesadas que hagan llorar a tus usuarios. Usa herramientas que las compriman sin perder calidad. Es tu deber hacerlo.
- **Minimiza el código**: El código innecesario es el enemigo. Elimínalo, comprímelo y combina los archivos CSS y JavaScript. Menos es más.

- **Usa el caché**: Configura el almacenamiento en caché para que las páginas se carguen rápido en visitas posteriores. Esto es obligatorio si no quieres que tus usuarios se vayan.

Optimización móvil: Si no estás optimizado, olvídalo.

Todo el mundo usa el móvil, ¿y tú qué? ¿Tienes un diseño adaptable o un sitio que parece sacado de los años 2000? Aquí no hay excusas.

- **Diseño adaptable (responsive)**: Si tu web no se adapta automáticamente a cualquier pantalla, estás fuera. Haz que se vea bien en smartphones, tablets y PCs. Así de simple.
- **Prueba de compatibilidad móvil**: Usa herramientas como Lighthouse en Chrome para asegurarte de que tu sitio es 100% móvil. No te engañes.

Herramientas para no quedarte atrás: Usa lo que realmente importa.

Si no usas estas herramientas, ¿qué estás haciendo? Aquí tienes las más potentes:

- **Google Search Console**: Aquí está el oro. Te dice qué está funcionando, qué no y qué necesitas mejorar. No te hagas el tonto, revisa tus errores de rastreo y optimiza tus búsquedas.
- **Google PageSpeed Insights**: ¿Sabías que Google te da consejos sobre cómo mejorar la velocidad? Sí, lo hace. Escúchalo.
- **Screaming Frog**: Si tu web es grande, tienes que usarla. Te encuentra los problemas técnicos como enlaces rotos o etiquetas duplicadas. Los detalles importan, no lo olvides.

Estructura de URL y enlaces internos: ¡Simplifica, no compliques!

Las URL son la base. Haz que sean claras, descriptivas y que incluyan palabras clave. No pongas un lío de números, porque nadie va a entender nada. Y no olvides los **enlaces internos**: haz que tus páginas se enlacen entre sí, de manera lógica y con texto de anclaje relevante. Esto ayuda a Google a saber de qué va tu web.

Optimización del archivo robots.txt: Esconde lo que no quieras.

El **robots.txt** es como una puerta secreta en tu web. Ahí le dices a Google qué puede ver y qué no. Si no lo usas bien, podrías estar dejando que Google se pierda por callejones sin salida.

Etiquetas HTML y meta datos: Si no usas bien las etiquetas, no vas a destacar.

Las **etiquetas de título** y las **meta descripciones** son esenciales. No hagas lo de siempre, pon algo único y atractivo. Incluye las palabras clave más importantes. Además, usa las **etiquetas de encabezado** (H1, H2, H3...) para organizar tu contenido. Google lo necesita, y los usuarios también.

Recuerda: la optimización técnica es solo el principio. No te olvides de tener contenido de calidad y una buena estrategia de enlaces. No pares de mejorar y adaptarte.

6. SEO Local: Lo que nadie te dice para que tu negocio arrase

Si no estás en el mapa, ¿cómo vas a ser visible? No basta con tener un local. En la era digital, si tu negocio no aparece en las búsquedas locales, no existes. Así de simple. Y no, no te estoy hablando de tener una web bonita. Te hablo de un SEO local que te ponga donde importa: en la mente de tus clientes locales. Si eres de esos que aún piensan que el SEO local es algo opcional, prepárate para ver cómo te dejan atrás.

Vamos a ver cómo puedes cambiar eso.

¿Por qué el SEO local te va a salvar el pellejo?

El SEO local no es una moda, es una necesidad. Cuando alguien busca algo en su ciudad, la máquina de Google va a mostrar lo que cree que está más cerca, relevante y optimizado para esa búsqueda. Si tu negocio no está allí, estás perdido. Pero si lo está, prepárate para recibir clientes como nunca. La clave es aparecer justo cuando tus clientes te buscan. Y para eso, optimizar tu presencia local es la única opción.

Google My Business: El primer paso que te vas a saltar y te va a costar caro

¿No tienes Google My Business? ¿En serio? Es tu primer punto de contacto con Google y tus clientes. Es gratis, es fácil de usar, y si no lo optimizas, tu competencia sí lo va a hacer. Aquí tienes lo que tienes que hacer sí o sí:

1. **Verifica tu negocio.** No tienes excusa para no hacerlo. Si no estás verificado, no eres nadie. Así que, hazlo.
2. **Llena todo, todo y todo**. Información clara, precisa, sin fallos. No dejes ni un campo vacío. Dirección, teléfono, horarios, página web... todo.
3. **Las fotos.** Las fotos venden, punto. Pon fotos de calidad, que muestren lo mejor de tu negocio. Sin fotos, es como si no existieras.
4. **Reseñas.** No sólo las pidas, haz que tus clientes te dejen un buen comentario. Las reseñas son oro, y no sólo para tus clientes, también para Google.

Estrategias de enlaces locales: Sí, también te las vas a saltar si no tienes cabeza

¿Crees que tu negocio no necesita enlaces locales? Pues mejor cámbiate de industria porque esto es vital. Si no estás apareciendo en directorios locales como Yelp,

TripAdvisor o Páginas Amarillas, estás perdiendo una gran oportunidad.

- **Citaciones locales**. NAP (Nombre, Dirección, Teléfono). Lo mismo en todas partes. La coherencia es clave.
- **Haz ruido en la comunidad**. Colabora con negocios locales, patrocina eventos. Genera enlaces en webs locales, eso cuenta muchísimo.
- **Crea contenido relevante**. Habla de tu zona, de eventos locales, de lo que pase en tu barrio. Estarás en la mente de tus clientes y Google lo notará.

Palabras clave locales: Aquí no sirve cualquier palabra, ¿lo pillas?

¿Quieres salir en los resultados locales? Entonces las palabras clave deben ser de tu zona, de tu barrio, de tu ciudad. No puedes lanzarte con palabras genéricas y esperar milagros. Si tienes un restaurante en Madrid, no pongas "mejor restaurante" sin más, pon "mejor restaurante Madrid". Y, si te atreves, lánzate con las de cola larga. Más específicas, más dirigidas. Ejemplo: "Restaurante de comida casera en Madrid centro". No hay excusas.

Analiza y ajusta: El SEO no se acaba nunca, ¿te has enterado?

Este proceso no es un "ya lo hice" y listo. La idea es ir ajustando, probando y mejorando todo el tiempo. Usa **Google Analytics**, mide tu tráfico local, las búsquedas que generan más visitas. ¿Recibes llamadas? ¿Te piden reservas? ¿Te buscan más por tu nombre? Estás en el camino correcto.

¿A qué esperas para aplicar el SEO local?

No subestimes el poder de aparecer en el lugar correcto. Las herramientas están a tu alcance. Si no las usas, prepárate para quedarte atrás.

No te voy a decir que es magia, porque no lo es. Pero sí te aseguro que, si pones todo de tu parte, vas a ver resultados. Si no lo haces, prepárate para quedarte mirando cómo los demás te adelantan.

Tienes el mapa, tienes las claves. ¿Vas a seguir esperando que algo pase? ¡Haz que pase ahora!

7. Seguimiento y análisis: El motor que hace rugir tu SEO

Escúchame bien: sin seguimiento, tu estrategia de SEO es como un coche de carreras sin gasolina. ¿Qué sentido tiene ponerle turbo si no sabes ni por dónde vas? En este juego, necesitas tener claro si lo que haces está funcionando o si estás perdiendo el tiempo con tonterías. Vamos a hacer que tu SEO no solo funcione, sino que explote.

Este capítulo es tu mapa. Vas a aprender a sacar el máximo provecho de las herramientas y a leer los datos como si fueras un experto en mapas del tesoro. ¿Estás listo para acelerar? Vamos allá.

Las herramientas que te van a salvar la vida

No te vamos a engañar: el SEO es complicado. Pero hay herramientas que te van a hacer el trabajo mucho más fácil. Aquí tienes las que necesitas sí o sí:

Google Analytics: Lo básico, lo indispensable. Aquí se concentra toda la información sobre tu tráfico web.

¿De dónde viene? ¿Qué hacen los usuarios en tu web? ¿Se largan al minuto o se quedan a leer todo? Google Analytics te lo cuenta todo, y lo que no te cuente, es porque no lo estás mirando bien.

Google Search Console: Esta herramienta es tu ojo en el cielo, el radar. ¿Tu página está fallando? ¿Aparece en los resultados de búsqueda? Google Search Console te avisa. Lo vas a usar para asegurarte de que no estás cometiendo errores graves, como un motor de búsqueda que no puede encontrar tu sitio.

Herramientas de palabras clave: Aquí el truco es que te hagas con las mejores. SEMrush, Ahrefs, Moz... son las mejores amigas de un SEO que quiere reventar el juego. Busca las palabras clave correctas, las que te traen tráfico real. Y no te olvides de cambiar la jugada cuando veas que la competencia está ganando terreno.

El arte de leer métricas: No es solo recopilar números

Ya tienes las herramientas. Ahora, ¿qué haces con los números que te dan? Sabes que los datos no sirven de nada si no sabes interpretarlos. Aquí está el truco para hacer que esos números trabajen para ti:

Métricas de tráfico: ¿Quién visita tu sitio? ¿De dónde vienen? ¿Y lo que están haciendo? Las métricas como sesiones, usuarios, páginas vistas y tasa de rebote son tu GPS. Pero cuidado, no te quedes con lo obvio, profundiza. ¿El tráfico viene de un blog que escribiste o de un anuncio que lanzaste? Si no lo sabes, ya puedes empezar a buscar.

Palabras clave: Este es el santo grial del SEO. Las palabras clave son las que te van a dar tráfico. Y no hablo de cualquier tráfico, hablo de los que realmente quieren lo que ofreces. Analiza las que te están funcionando, las que te están dando resultados. Y si algo no está funcionando, cámbialo. No hay excusa.

Análisis de enlaces: No te olvides de los enlaces. Estos son los que Google usa para darte autoridad. Si no tienes buenos enlaces, tu web está como un perro sin dueño. Analiza los enlaces entrantes y si ves que te falta potencia, empieza a buscarlos como si tu vida dependiera de ello.

Comportamiento del usuario: Este punto es oro puro. No te quedes con la idea de que si alguien entra en tu página y se queda 10 segundos, ya has triunfado. Analiza bien lo que están haciendo: ¿Se quedan, navegan por varias páginas o se largan? Con estos datos, puedes mejorar la experiencia del usuario. Y si mejoras la experiencia, mejoras las conversiones.

Optimización continua: Ajustar el rumbo, siempre

El SEO no es un trabajo de una sola vez, es una guerra continua. Y en cada batalla, tienes que ajustar lo que haces. Aquí van algunas jugadas:

Ajuste de palabras clave: Mira, las palabras clave no son estáticas. Las búsquedas cambian, el mercado cambia, y tú debes adaptarte. Usa los datos que tienes para ajustar tu estrategia. Si algo no está funcionando, cámbialo. Es así de simple.

Mejora de contenido: Si un contenido no está funcionando, ya sabes lo que tienes que hacer: mejorarlo. Revisa qué contenido tiene más éxito y optimízalo. Y si algo no está funcionando, hazlo de nuevo. No hay excusa.

Optimización técnica: No te olvides de lo técnico. Si tu página carga lento, olvídate de aparecer en las primeras posiciones. Usa las herramientas para solucionar errores técnicos. Y, si hay enlaces rotos, repara lo que esté roto. ¿Acaso vas a dejar que tu web se caiga? No te hagas el tonto.

Análisis de la competencia: ¿Te crees el rey del SEO? Pues no, no lo eres. Siempre hay alguien mejor, alguien que te está pisando los talones. Mira lo que están haciendo tus competidores, qué estrategias están usando. ¿Ves algo que te falte? Aplícalo.

Pruebas y experimentación: A ver qué funciona

Aquí no hay magia, amigo. Aquí lo que cuenta es el ensayo y error. Haz pruebas. Experimenta. Compara las versiones de una página. Haz pruebas A/B y mira cuál te trae mejores resultados. ¿Y si no funciona? Pues prueba otra cosa. Lo único que no puedes hacer es quedarte parado.

¡Tu SEO no va a mejorar solo!

El seguimiento y análisis son la base de un SEO que de verdad funcione. No te conformes con lanzar tu estrategia y esperar milagros. Sigue, ajusta, optimiza. El SEO es un proceso continuo. Si no te mantienes al día, te quedas atrás.

Pero con estas herramientas, tus métricas y tu enfoque constante, vas a mejorar tu web y ponerla en lo más alto. Así que, no te duermas en los laureles, que la competencia está ahí fuera. Y mientras ellos descansan, tú sigues trabajando en tu estrategia.

Con el tiempo, los resultados llegarán. Y cuando lleguen, vas a saber que todo el esfuerzo valió la pena.

8. SEO y contenido: La jugada maestra

Este capítulo es tu puerta de entrada para mejorar tu SEO, atraer visitantes a tu web y hacer que tu negocio deje huella en Internet. No hay excusas. Vamos a hacerlo.

La fórmula para crear contenido que mate

Aquí no vamos a perder el tiempo. El contenido relevante es aquel que habla directamente a tu audiencia. Eso de escribir por escribir, olvídalo. Tienes que resolver los problemas de tus lectores, ofrecerles algo que realmente les interese. Si no sabes qué les interesa, investiga las palabras clave. Que no te den miedo, que te sirvan para crear contenido que de verdad conecte. Hazte preguntas: ¿Qué problemas resuelve mi contenido? ¿Por qué debería importarle a alguien?

Palabras clave: ¿las usas como un experto o eres de los que abusan?

Las palabras clave son esenciales, claro. Pero que no se te suban a la cabeza. No las pongas por poner. Si no sabes cómo usarlas, no las uses. Utiliza las palabras clave relevantes para tu negocio, pero que fluyan en el texto. Nada de meterlas a la fuerza solo porque piensas que los motores de búsqueda las aman. Si haces esto, tu contenido perderá autenticidad. Y ya sabes que la autenticidad en el SEO manda más que cualquier truco barato.

Estructura que no dé sueño

¿Estructura y formato? Esto no es solo para que tu mamá lo entienda. El formato importa mucho para el SEO. Usa encabezados (H1, H2, H3, lo que sea) para que todo esté organizado, sea legible y, sobre todo, que los motores de búsqueda lo lean bien. Si metes tus palabras clave en los encabezados, mejor que mejor. Y para que no nos liemos, usa párrafos cortos, frases sencillas, porque a la gente no le gusta leer texto denso, ¿y sabes qué? A Google tampoco.

Contenido actualizado: olvida lo obsoleto

Si tu contenido está más viejo que los memes de hace dos años, olvídalo. Google odia los contenidos desactualizados. Así que revisa, actualiza y haz que tu web esté al día siempre. No hay excusas. Lo que era relevante ayer, puede que hoy ya no lo sea. ¡Mantente fresco!

Promocionar: no seas tímido, sal a la calle con tu contenido

No basta con tener buen contenido, hay que gritarlo desde los tejados. Comparte en redes sociales, manda newsletters, consigue enlaces desde otras páginas. La promoción es el motor que le da visibilidad a tu contenido. Si no lo haces, ¿quién va a saber que existe?

Optimización para todos los formatos: no pongas todo en el mismo saco

¿Creías que solo era texto? ¡Error! Hay miles de formatos que puedes usar. Imágenes, vídeos, infografías, podcasts... Todo suma al SEO. Optimiza cada formato como si fuera oro:

- **Imágenes**: optimiza el tamaño para que no te mate la velocidad, y usa las ALT con las palabras clave.
- **Videos**: si no optimizas los títulos y descripciones de tus videos, ¿qué estás haciendo? Usa etiquetas relevantes.
- **Infografías**: las infografías tienen un poder visual brutal. Asegúrate de que los motores de búsqueda puedan leerlas.
- **Podcasts**: si tienes uno, no te olvides de las transcripciones, las etiquetas y las descripciones con tus palabras clave.

Valor real y originalidad: ¡No seas un copy-paste!

Si tu contenido no aporta valor real, no tienes nada. No copies y pegues. Eso no sirve de nada. Necesitas contenido original, único, que se vea diferente, que ofrezca algo nuevo. Si no lo haces, te vas a quedar atrás, te lo aseguro. La competencia está trabajando a tope, así que más vale que te pongas las pilas.

9. SEO y redes sociales

¿Aún crees que las redes sociales no tienen nada que ver con el SEO? Pues deberías replanteártelo. Es hora de dejar de lado esa mentalidad anticuada y entender de una vez que, en este mundo digital, **las redes sociales son esenciales para el SEO**. No se trata de un "extra"; se trata de una **herramienta clave** que te puede catapultar a los primeros puestos.

La Fuerza de las Redes Sociales en el SEO

Vamos a lo directo: las redes sociales **influencian y potencian tu SEO**, y lo hacen de varias formas. Empezando por el obvio: **los backlinks naturales**. Cada vez que alguien comparte tu contenido en sus perfiles, es un voto a favor de tu página. ¿Qué crees que piensan los motores de búsqueda? "Este contenido es relevante", lo que mejora tu posicionamiento.

Y no solo eso. **Las interacciones en redes sociales** (comentarios, likes, compartidos) también son señales de que tu contenido es relevante y de calidad. Los motores de búsqueda lo perciben, y aunque no hay confirmación oficial, no subestimes el poder de una buena mención social.

Estrategias para Sacarles Todo el Jugo a las Redes Sociales

Si quieres que las redes sociales trabajen para ti, **no basta con publicar algo de vez en cuando**. Necesitas una estrategia sólida. Aquí van algunas tácticas infalibles para no perderte en el ruido:

1. **Comparte sin piedad**. Publica enlaces a tu contenido de forma constante. Y no te olvides de **personalizar tu mensaje** según la red social. Lo que funciona en Twitter no es lo mismo que en LinkedIn.
2. **Optimiza para cada red social**. Las imágenes, videos y todo lo visual importan. Usa **contenidos llamativos** y **hashtags estratégicos**. Dale a cada post la atención que se merece.
3. **Haz que te compartan**. Aquí viene lo crucial: **motiva a tu audiencia** a compartir tu contenido. ¿Cómo? Organiza concursos, ofrece premios o simplemente pide que lo hagan. No dudes en **llamar a la acción**.
4. **Participa activamente**. No se trata solo de lanzar contenido, también de **construir relaciones**. Únete a comunidades relevantes en Facebook, LinkedIn o

donde sea. No seas un espectador, sé parte activa de la conversación.

Etiquetas Sociales y Metadatos: ¿Estás aprovechándolos?

Las redes sociales son más que solo publicar. Los **metadatos** (títulos y descripciones) y **etiquetas sociales** (hashtags) son claves para que tu contenido tenga **visibilidad**. Es tan simple como: usa lo que ya está funcionando, investiga y aplica. Pero no lo hagas solo por hacerlo. Usa **hashtags relevantes**, porque si no, es como lanzar un mensaje en una botella al mar.

Botones de Redes Sociales: ¡Hazlo Fácil para Compartir!

Si no tienes botones de redes sociales en tu sitio web, ¿en qué mundo vives? **Haz que tu contenido sea fácil de compartir**. Coloca botones de compartir en todas tus páginas para que los usuarios se conviertan en tus mejores embajadores. También pon botones de **seguimiento** para que la gente te siga en todas tus plataformas.

Monitoreo y Análisis: ¿Estás Observando lo que Funciona?

Todo en marketing necesita **análisis constante**. En redes sociales, esto es aún más crítico. No solo te enfoques en el tráfico. **Mide el impacto real**: el alcance, las interacciones, los clics, el tiempo que los usuarios pasan en tu web. **Google Analytics** es tu amigo, así que **úsalo** para ver de dónde viene ese tráfico social y qué páginas lo están petando.

Conclusión: No Desestimes el Poder de las Redes Sociales

Es claro: **las redes sociales son una pieza clave del SEO**. No las veas como algo separado, sino como una extensión de tu estrategia. **Comparte contenido relevante**, **construye relaciones** y **optimiza cada post**. De esta manera, verás cómo tu visibilidad aumenta y, con ella, tu clasificación en los motores de búsqueda.

10. SEO y las tendencias futuras: Prepárate para lo que viene

La tecnología avanza, y con ella, el SEO. No es solo cuestión de tener un sitio web bonito y que alguien te busque por tus keywords. Es mucho más que eso. Te voy a contar cómo la inteligencia artificial, la búsqueda por voz y otros monstruos del SEO están a punto de cambiar el juego. Si te quedas ahí sentado esperando que todo se resuelva solo, olvídate. Vamos a ponerte al día con lo que se viene.

Voice Search: El SEO está hablando, ¿y tú?

Los asistentes virtuales están tomando el mando. Alexa, Siri, Google Assistant... estos chicos no están para bromas. La búsqueda por voz se está disparando y, si no estás preparado para este tsunami de búsquedas, tu página va a caer al olvido.

¿Qué pasa con la búsqueda por voz? Que no se trata de palabras clave sueltas, sino de frases completas, como si hablara un humano. Así que olvídate de las keywords exactas y empieza a pensar en preguntas.

"¿Cómo puedo arreglar una fuga de agua?" No "fuga agua" o "arreglar fuga".

Búsqueda semántica: El SEO está más inteligente que tú

Los motores de búsqueda no se quedan atrás. Ahora entienden lo que los usuarios quieren decir, no solo lo que escriben. ¿Te suena la búsqueda semántica? Pues prepárate, porque esto significa que tienes que dejar de pensar en solo palabras clave. La intención de búsqueda es la que manda. Si no eres capaz de entender lo que la gente realmente necesita, vas a pasar desapercibido.

Así que, ¿cómo te preparas? Piensa en contenido que cubra todo lo que la gente busca, no solo una palabra clave. Responde preguntas, usa sinónimos, y cubre todo el contexto de la búsqueda. Y lo más importante: no te olvides de la intención detrás de cada búsqueda. Google ya la entiende, ¿y tú?

Inteligencia artificial y aprendizaje automático: SEO, pero con cerebro

¿Sabías que Google está usando inteligencia artificial para mejorar los resultados de búsqueda? ¡Pues claro que lo hace! La IA analiza el comportamiento de los usuarios y ajusta los resultados de búsqueda. Si no entiendes cómo funciona esto, vas a perder la oportunidad de ser relevante.

No es solo sobre tener el contenido más largo. Es sobre ofrecer algo que le sirva al usuario. La IA ayuda a Google a ver patrones. Si no te adaptas, estarás fuera del radar.

SEO local: No es solo Google, es Google cerca de ti

Lo tuyo no es solo aparecer en el resultado global de Google. Es estar en el lugar adecuado, en el momento adecuado, y con la información precisa. El SEO local está en auge. Si tu negocio está en Barcelona, lo que realmente importa es aparecer en las búsquedas locales.

Asegúrate de tener tus datos actualizados en Google My Business, usa términos locales en tu contenido y asegúrate de que las reseñas de clientes estén en su lugar. Y si puedes hacer una segmentación personalizada, mejor que mejor.

Cómo usar ChatGPT para mejorar tu SEO

¿Sabías que puedes usar ChatGPT para mejorar el SEO de tu página web? Aquí te lo explico rápido. Este modelo de lenguaje te ayuda a generar contenido optimizado de manera rápida y precisa. ¿Cómo? Primero, le das instrucciones claras sobre lo que necesitas: títulos llamativos, contenido informativo, optimización con palabras clave y variaciones.

Pero lo mejor es que ChatGPT también puede ayudarte con la creación de contenido para preguntas frecuentes, resúmenes de productos, o incluso mejorar la calidad del texto para que sea más natural y menos "robotizado". El contenido creado por IA puede ajustarse a las intenciones de búsqueda semántica, usando lenguaje coloquial y enfocado en lo que realmente busca tu audiencia.

Pero ojo, no se trata solo de usar IA para rellenar tu web. Utiliza ChatGPT para obtener ideas de contenido fresco, para investigar qué están preguntando los usuarios o incluso para encontrar los temas candentes dentro de tu industria. La clave es hacer un uso inteligente de estas herramientas, porque, seamos sinceros, si te quedas atrás en el uso de estas tecnologías, no tardarás mucho en ser desplazado por la competencia.

Cómo has llegado hasta aquí te voy a hacer un regalazo que te ayudará a crear contenido SEO para tu web. Te voy a dar el PROMPT que yo utilizo en muchas ocasiones y que te ayudará a llegar a las primeras posiciones de los buscadores.

introduce el siguiente PROMPT en ChatGPT y deja que surja la magia:

Eres un asistente de IA especializado en SEO de primer nivel, enfocado en la generación de contenido optimizado y en soluciones eficaces. Tu misión es ofrecer valor real y utilidad a través de análisis precisos y racionales.

Al iniciar un chat, realizarás las siguientes tres preguntas en este orden de una en una, asegurándote de recibir las respuestas antes de continuar:

-Pregunta 1: ¿Qué keyword quieres posicionar?

-Pregunta 2: ¿Qué URLs tienen las 3 primeras posiciones en Google?

-Pregunta 3: Dame tu experiencia personal sobre el tema.

Importante:

No interactuarás ni avanzarás hasta que el usuario haya proporcionado las respuestas a las tres preguntas.

Flujo de trabajo

Una vez obtenidas las tres respuestas, seguirás cuatro pasos de manera estructurada. Explicarás cada paso conforme lo completes y anunciarás tu avance al usuario:

Paso 1: Análisis de URLs
-Analizarás las 3 URLs proporcionadas, evaluando su contenido y enfoque SEO, incluidas las palabras clave principales y secundarias.

Paso 2: Keyword Research
-A partir de la keyword proporcionada, generarás una lista de sinónimos, variantes y palabras clave secundarias relevantes.

Paso 3: Integración de la experiencia personal
-Revisarás la experiencia personal del usuario, memorizarás los detalles más importantes y los utilizarás en la redacción del artículo, integrándolos de forma fluida.

Paso 4: Redacción del artículo
-Escribirás un artículo extenso y detallado, en primera persona, que sea informativo y muestre autoridad. El tono

será accesible pero profesional, destacando el conocimiento real y la experiencia del usuario.

-Incluirás la experiencia personal en todas las secciones relevantes del artículo, evitando dedicarle un bloque exclusivo. La clave es integrarla de forma natural para enriquecer el contenido.

Puntos clave para la redacción

Encabezados: Crearás una lista de encabezados optimizados, basados en las URLs analizadas y las keywords.

Optimización SEO: Usarás las palabras clave, sus sinónimos y variantes de forma estratégica para que el artículo supere a las URLs de referencia.

Experiencia personal: Diseminarás los elementos de la experiencia personal a lo largo de todo el contenido. No crearás secciones específicas para ello.

Extensión: El artículo será muy extenso y completo, superando los estándares habituales.

Calidad: No repetirás contenido, mantendrás una estructura clara y un estilo fácil de leer, con saltos de línea y párrafos adecuados para facilitar la lectura.

Autoridad: El tono del artículo debe reflejar experiencia, confianza y autoridad en el tema.

Recordatorios clave
-Siempre tendrás en cuenta las URLs proporcionadas.
-Siempre integrarás la experiencia personal a lo largo del artículo, evitando bloques dedicados.
-Siempre priorizarás la optimización SEO y las palabras clave.
-Tu objetivo es crear el mejor artículo posible, con una integración perfecta de la experiencia personal y una sólida estrategia SEO que lo coloque por encima de la competencia.

¡Atención! la información que encontrarás tras este código puede hacer que te estalle el cerebro.

Siempre me dediqué al mundo audiovisual hasta que hace más de 30 años, por casualidades de la vida, cayó en mis manos mi primer PC, un Atari 1040ST, con el cual comencé a experimentar en la producción musical con programas como Notator y Cubase.

Esto me llevó por nuevos senderos, mi primera página web y el mundo de la informática, lo que alimentó mi curiosidad y me impulsó a seguir investigando y aprendiendo.

Hace unos 20 años, mi interés por el SEO y cómo llegar a más clientes sin gastar mucho dinero me llevó a descubrir el maravilloso mundo del marketing digital, cuando creo que todavía ni existía.

Actualmente creo contenido y trabajo para diferentes empresas y emprendedores a los que ayudo con todo mi conocimiento, tanto en el campo del marketing, como el audiovisual, que para mí no pueden existir el uno sin el otro, ya que son esenciales en una sociedad cada vez más audiovisual.

IDEAS DIGITALES
www.ideas-digitales.com

www.ingramcontent.com/pod-product-compliance
Lightning Source LLC
LaVergne TN
LVHW092031060326
832903LV00058B/506